흔들리면서 쏟아 놓는 말들

김선자 시집

상상인 시인선 *080*

한낮의 햇볕은

그림자도 숨는다

•본문 페이지에서 한 연이 첫 번째 행에서 시작될 때에는 〈 표기를 합니다.
•저자의 의도에 따라 작품의 보조 동사와 합성 명사는 띄어쓰기가 달라질 수 있습니다.

시인의 말

심전에 꽃씨를 뿌리고

물을 준다

가만히 바라보는 바람 되어

태양이 몰고 올 색의 날들

그날을 기다린다

차례

1부
커피 향에 꽃을 담는다

일렁이는 수채화	19
향기로운 이별	20
하늘을 쓰다듬는 어머니 손	21
카네이션	22
곧 봄이 오려나 봐요	23
추평저수지	24
섣달그믐	26
친정어머니	28
플라워카페 케이(k)	29
커피 향 소복한 겨울에 앉아	30
거목	31
호암지에서 아침을	32
아버지의 시간에 머무는 것들	33
반가운 기척	34
푸른 해돋이	35
잘 버무려진 인연은 맛있다	36
꼬끼오~ 꼭이요~	37

2부
희미한 빛은 벽 너머로

처음의 꽃, 동백	41
앞집	42
함박눈 사이로 가셨는가	43
시골살이 1	44
시골살이 2	45
한바탕 쏟아지는 소란	46
장마	47
애기똥풀	48
어머니의 오래된 친구	49
집을 짓다	50
광릉수목원	51
뷰 맛집	52
우리는 우도에 간다	53
설렜나, 봄	54
따라 웃는 꽃	55
비렁길을 넘어가요	56
밤밥 카페	57

3부
어둠이 내리면 시간여행을 떠나는

숨바꼭질　　　　　　　　　　61
텃밭　　　　　　　　　　　　62
폭포　　　　　　　　　　　　63
함께라서 좋은 우리　　　　　64
추억은 한 자리에 머물지 않는다　　65
사랑둥이　　　　　　　　　　66
그 길을 걷는다　　　　　　　68
겨울 단상　　　　　　　　　　69
어느새 사라지는 것들　　　　70
풍경으로의 초대　　　　　　　72
여기는 동백이 지천입니다　　74
봄비　　　　　　　　　　　　76
소리길　　　　　　　　　　　77
시낭송회　　　　　　　　　　78
그녀들의 정원　　　　　　　　79
그대로의 자연을 입고　　　　80
라벤더　　　　　　　　　　　81

4부
길 아닌 길을 걷다 보면

벚꽃길	85
외출	86
영원한 섬, 독도	87
안마의자	88
울릉도	89
붉은 바다꽃	90
한바탕의 꿈	91
해안길	92
봄눈이 오시네	93
아카시아 켜진 길	94
송계계곡	95
시심	96
순대볶음	97
청보리밭으로 멀어지는 사람들	98
퍼플섬	99
바람길 따라 걷는 코스모스	100
로라의 정원	101

해설 _ 플라워카페 케이(K)를 위한 순수 서정의 애가愛歌　103
권혁재

1부

커피 향에 꽃을 담는다

일렁이는 수채화

   저물녘 호암지 수련이 피어나고 청둥오리가 물무늬를 만든다 전생의 인연인 듯 녹음 짙은 숲길을 걷는 사람들 또 하나의 인연을 만든다 바람에 일렁이는 나무 사이사이 물보라가 치고 그 위로 무지개 뜬다 아직 한창인 저녁노을 건너편에서 들리는 색소폰 소리, 잠시 화가의 손이 멈춘다 색소폰 소리도 노을도 무지개도 물보라도 그 자리에 멈추고 스스로 어둠이 호수를 지운다

   나는 캔버스 밖에 서 있다

향기로운 이별

딩동
딩동
반가운 건 꽃일까
나일까

어서 오세요

폴샤스가 새 가게를 단장하러 떠날 때
향기 좋은 산국이 덩달아 따라나선다
안시리움은 변두리 카페 창가로
해피트리는 고깃집

덩그러니
혼자 남아도 즐거운
오후 두 시의 이별

하늘을 쓰다듬는 어머니 손

햇볕 좋은 날이면
앞마당에 고추가
널려 있었다

구부정한 허리를
퍼지 못하고
주저앉아 하늘을 보시던

주름진 얼굴의
환한 미소

장날을 기다리셨나

어머니

카네이션

붉은 꽃 한 송이
가슴에 꽂혀 아프다

주름 가득한
잃어버린 시간 속
보고픈 얼굴

꽃은 피고 지고
다시 피어나도
흐르는 아픔은
눈물로도 씻기지 않는다

오월이면
생인손 앓듯
가슴이 짙은 핏물로
물든다

곧 봄이 오려나 봐요

국화차 드세요

차가운 손에
국화자 한 잔
건넬 때마다
언니가 생각난다

어린 시절
인사동 툇마루에서
화단에 핀 국화꽃을 보며
가을이 겨울로 가듯
곧, 봄이 온다던
언니
손가락 마디마디
따스한 눈빛
봄이 오는 소리

듣는다

추평저수지

연지 곤지 찍고 꽃가마 탈 땐
몰랐습니다

추평저수지를 눈에 담고
그 품속에서 긴 얘길 쏟아내며
둘레길을 걷게 될 줄 몰랐습니다

밤하늘에서
쏟아져 내리는 별빛에
낚싯대가 흔들리고
조용한 함성이 울려 퍼지길
추평저수지에서 기다릴 줄
몰랐습니다

추평저수지를
놀이터 삼아 시골살이하다 보면
알게 되겠죠
〈

억겁의 시간을 돌아온
고향이라는 걸요

섣달그믐

보자기 줘 봐요

멍하니 바라본다
테라스 테이블에 수북한 백설기를
싸 주라 한다

웃음으로 화답하고
눈으로 먹는다

섣달그믐에 폭설로
눈사람 되어 데굴데굴 구르고
거북이처럼 엉금엉금 기어간다

웃어야 할지
울어야 할지

섣달그믐 밤에
흰 눈이 눈썹에 내리지 않도록
눈에 힘을 준다
눈꺼풀이 무겁다

〈
티브이 소리가 멀어지고
코 고는 소리가 맛있게 들린다

친정어머니

이불을 꺼냈다
투박하고 까슬까슬한 이불 위로 눕는다

어깨를 토닥이던
친정어머니의 손길에
가늘게 눈 감는다

등줄기로
시원한 바람이 스미고
눈물이
삼베 이불 적신다

눈물을 닦는다

내 손도 어느새
친정어머니의 손이 되어 있다
손 마디마디
차마 잠들지 못하는 밤이
깊다

플라워카페 케이(k)

햇살 품은 식물들
서로 다른 얼굴들로
식집사의 발소리 듣고
손길을 기다린다

눈을 마주하고
손길 닿으려는 몸짓들로
꽃을 피우고 향기를 살그머니
꺼낸다

재즈 음악이 어깨 위로 살포시
내려앉는다

오고 가는 손길들은
커피 향에 꽃을 담는다

커피 향 소복한 겨울에 앉아

창문이 흔들리고
바람이 문을 밀고 들어온다

기린 목이 되어도
에메랄드그린만 흔들리고
그림자도 안 보인다

햇살에도
스며드는 냉기를
진한 커피 향으로 밀어낸다

눈이 감긴다
고개가 테이블에 닿는다

어서 오세요

꿈꾸는 하루다

거목

거목의 푸른 옷자락에
스치는 바람 소리

분수가 하늘로 치솟고
물보라가 펼쳐지고
매미들의 소리
여자들의 수다가 어우러지는 소리

내 세상에 머물다
소리 없이 떠나간다
미소로 배웅한다

호암지에서 아침을

엄마의 품속 같은
깊은 호숫가에서 어린아이 되어
뛰어논다

땀방울 씻어주는
시원한 손

나무 그늘 벤치로 데려가는
주름진 눈웃음
입이 즐거운 호숫가의 아침
코로나로 지친 일상을
치유해 준다

삼시 세끼는 호암지
벤치에 두고 간다

아버지의 시간에 머무는 것들

기억하고 싶은 일들만
아버지 시간에 머문다

지팡이 벗 삼아 동네 한 바퀴

쉬어 가는 느티나무도 벗 되어
웃고 웃는다

막걸리 한잔에
해맑은 백세 인생길
맛있다

반가운 기척

기다려도
기다려도
오지 않는다

발소리에
놀라서 보면

택배 아저씨의 뒷모습이 멀어져 간다
집합 금지 해제 후에도
움츠러든 손님들의 심전에
꽃씨를 뿌리고
물을 주면서
희망의 꽃이 피어나도록

기다린다

푸른 해돋이

묵은 허물 벗고
새롭게 태어나는 푸른 뱀의 해

새해 첫 일출이 운무를 뚫고
솟아오르는 순간
생명의 깊은 곳에서 꿈틀거리는 붉은 해 기운

숨죽이는 강렬한 눈빛들
하늘에 닿는다

다복을 갖고 태어나는
푸른 뱀띠는
인생의 고속도로가 열린다

잘 버무려진 인연은 맛있다

시금치를 삶다가
당면에 눈길이 가면서
잡채가 밥상에 올라오니
잔칫날이냐고 묻는다

맛있게 먹는 모습에 먹지 않아도 배부르시다고 하시던
친정어머니 생각이 난다

잡채는 인생 같다

다양한 재료로 잘 어우러지게
버무려야만 맛을 낼 수 있듯이
만나는 인연들과 어우러져야만
잔칫날처럼 살맛 나는 인생길을
걸어갈 수 있다

꼬끼오~ 꼭이요~

병아리들이
님의 사랑 먹고 멋진 깃털을
뽐내는 닭이 되고
우렁찬 알람 소리로 새벽을 열어준다

매서운 추위에도
청계란을 순풍순풍 낳는다
가족 건강 지킴이로 식탁을 풍성하게 해 준다

닭들의 목청이 크면 클수록
시골살이 행복 지수가
지붕보다 높다

2부

희미한 빛은 벽 너머로

처음의 꽃, 동백

겨울에
애타게 봄을 기다리는 동백
빨강 꽃망울 터트린다

새해 처음 피는 동백꽃

희망이라는 꽃말처럼
마당에 동백 한 그루 심으면
희망꽃을 피우고 꽃씨를
퍼트리는 희망의 아이콘으로
살아가리라

앞집

칠흑 같은 밤
벽 타고 내리는 희미한 빛줄기
고즈넉하다

먼동이 터올 것 같은 시간
희미한 빛은 벽 너머로
숨어버린다

새벽을 살아가는 사람들 틈에서
숨바꼭질한다

기꺼이 술래가 되고자
어둠이 완전히 걷히지 않는 시간에
머문다

함박눈 사이로 가셨는가

꿈에도 생각해 보지 않은
부고에 먹먹한 가슴 부여잡고
보고 또 본다

인생사 새옹지마

설날 덕담이 귓가에 맴돈다

함박눈 내리는 날
눈꽃이 되어버린 청춘

생애 못다 핀 꽃은
다음 생엔 만개하길 염원한다

시골살이 1

어설픈 농부의
고단함으로 텃밭의 농작물이
자태를 뽐낸다

텃밭이 소쿠리에 담겨
한 상 차려진 농부의 진심

입안 가득 웃음이 떠나질 않는다

어설픈 농부는
올해도 내년에도 풍년 들 거라
호언장담한다

시골의 하루가
참, 짧다

시골살이 2

여름 손님들이 몰려온다

봄에 심은 나무보다
풀들이 더 쑥쑥 자란다

밤하늘에서 쏟아지는 별빛
불빛에 목메는 수많은 벌레

가까이하기에는 먼 여름 손님과
말린 쑥을 태우며
불꽃 축제를 한다

길고 긴 시골 여름은
쑥 향기를 덮는다

한바탕 쏟아지는 소란

한낮의 햇볕은
그림자도 숨는다

길가에 바늘꽃들이
땅속으로 들어가려고 눕고

하늘은 사라지면서
소나기를 쏟아내고

그래도 세상은 살아 있다고
꿈틀거리고

소나기는 짧은 순간에 긴 여운을
남기고 떠난다

장마

하늘에서 물폭탄이
터지던 날

산에서 떠밀려 오는 돌들이
냇가로 내려오면서 서로 부딪치고
깨지면서 아프다고 운다

귀가 잘 안 들리는
노부부도 고달픈 세상 속에서
그 아픔을 알기에 잠을 설친다

눈부신 아침 햇살에
하루를 또 살아간다

애기똥풀

소풍 나왔나 보다

애기똥풀이 노랑 모자 쓰고
귀여운 몸짓으로 품속으로 들어온다

기쁨에 눈 뜨면 사라지고
허전함에 헛손질한다

그리움을 가슴에 묻는다

어머니의 오래된 친구

아궁이 속 불길이 타오른다

가마솥과 한참을
마주 앉아 얘기꽃을
피우시는 어머니

가만히 귀 기울여 본다

세월의 손때로 빛나는 가마솥
퍼내도 마르지 않는 비법은
어머니의 손맛이라고
말한다

집을 짓다

눈가에 늘어나는 주름

부모님의 깊은 주름에
고뇌로 잠 못 드는 밤
한숨을 토해낸다

깊고 어두운 터널 끝
빛이 보이듯이
푸른 호수를 품은 내 마음속 집을
부모님 대지에 짓는다

그 품속으로 들어가
희로애락을 담는다

광릉수목원

가을 하늘을 바라보는
전나무 숲길

피톤치드가 쏟아져 내린다
자연이 주는 사치에 빠져든다

길 위에 미소가 떠나질 않는다

뷰 맛집

언덕 위에서 바라보는
호수와
푸르른 소나무들

산에서 내려오는 시냇물 따라
피어나는 들꽃이
바람 타고 흔들리면
코끝을 간질거리는
풋풋한 향기

새들처럼
뷰 맛집에 둥지를 튼다

우리는 우도에 간다

소 등 위에 앉아
느리게 걷는 해안길

땅콩 아이스크림이
유혹하는 입맞춤에
넘실넘실하다

돌담 사이로 보이는
유채꽃들이
웃음바다에 눕는다

에메랄드 바다
하얀 바람이
소 등을 타고 온다

설렜나, 봄

연분홍 꽃신을 신고
꽃비를 맞으면서 걸어간다

가슴이 설렌다

홍조 띤 얼굴
누가 볼까 고개 숙인다

봄날
주름진 눈가로
수줍은 웃음꽃들을 뿌리고
거리 가득 환하다

따라 웃는 꽃

찔레꽃 웃는다

엄마 따라
찔레꽃 따러 다니던
어린 시절을 만난다

바람에 날아갈 정도로
약하던 큰언니
찔레꽃 떡을 빚은
엄마의 약속으로
목숨을 이어간다

호숫가 바람은
엄마의 숨결 되어
나를 안아준다

그리움 삼킨다

비렁길을 넘어가요

절벽 아래
파란 바다가
보이는 해안길

아찔한 바윗길 지나
시원한 바람이
기다리는 숲길

내 인생길 같은
금오도 비렁길

정상에 오르니
바닷바람이
얼굴을 만지고
등을 두드려준다

애썼다

눈물이 땀처럼
쏟아진다

씻은 듯
개운하다

밤밥 카페

초록 바다에 떠 있는
작은 섬

호기심 가득한
눈빛들이
문을 두드린다

고운 미소
소담스러운 손
푸른 물이 든
앞치마에 담는다

아! 오감 만족
생명이 살아 춤춘다

3부

어둠이 내리면 시간여행을 떠나는

숨바꼭질

아픔을 감추려고
눈 피해 숨는 아이

다시 볼 수 없을까 봐
찾고 또 찾으면서
목놓아 부르는 이름
허공 속에 메아리친다

야옹야옹

내 품으로 돌아와
쉴 수 있게
숨죽이면서 기다린다

술래가 찾지 못하는 슬픔
인제 그만
숨바꼭질 멈추고 싶다

텃밭

빨갛게 익은 방울토마토
입안 가득 건강이 씹힌다

주렁주렁 열린 고추
파릇한 파가 자라는
시골 텃밭

소쿠리 가득
가슴 벅차오르는
농부의 마음 담아 간다

폭포

환호하는 소리
웅장한 폭포 소리에 묻힌다

내연산 품에
안기고자 몸부림친다

빨갛게 달아오른 발
흐르는 물에 담그니
무릉도원이다

자연에서 자연으로
다시,
태어난다

함께라서 좋은 우리

나의 꽃집에는
자유로운 영혼들이 살고 있다

재스민 향에 취해 잠들고
행운목을 벗 삼아 기대 놀고

가끔은 창문 너머로 세상을 깊이 응시하고
어둠이 내리면 시간여행을 떠나는
녀석들

오고 가는 분주한 사람들 속에서도
자신을 꾸미지 않고 보여주며
마음을 비우라는 무언의 눈빛

오늘도 자유로운 영혼
야옹이 녀석들
무심한 듯 툭 치고 떠나간다

추억은 한 자리에 머물지 않는다
- 동문 체육대회

황금 들녘을 지나
탑평 마을로 들어가는 길
낮은 마을 지붕 위로 솟아오른 애드벌룬
만국기가 펄럭인다

마을에 울려 퍼지는 노래를 흥얼거리며
추억을 따라 모여드는 심장 소리
쿵, 쿵, 쿵
폐교된 추평초 동문 체육대회 날은
마을 경로 잔칫날!

남녀노소 흥에 겨운 '춤' 속에
추억을 먹고 마시고

그리운 얼굴이 바람에 스친다
가슴이 찡하다
인심 좋은 추평초
함박웃음 속에 묻혀 간다

사랑둥이

사랑하기 위해 태어나
사랑만을 바란다

순간, 시야 밖으로 사라졌다
다가오는 순간에도
온몸으로 부르는
사랑의 세레나데

사랑에 목 놓아 운다

사랑 사랑

사랑하기 위해 태어나
사랑에 목숨 건다

사랑하는 사람을 위해
그 사람 품속에 파묻혀
누구도 접근 금지
보디가드가 된다
〈

사랑 사랑

미치도록 사랑해 본 자만이
사랑받을 수 있다

우리 집 사랑꾼
멍이 녀석

그 길을 걷는다

산이 있어
산에 오르는 사람들처럼

길이 있어
길을 걷는 사람들

눈이 시리도록 파란 바다
해안 올레길
바람처럼
수많은 인연이 스쳐 간다

애별리고…

광양 마당에
오륙도 올레길
스치는 인연 속
재회를 꿈꾸다
말없이 돌아서는 사람들

다시, 또

길이 있어
길을 걷는 사람들

겨울 단상

출근길 아침 공기
찬물에 세수한 듯 시리다

거리마다 옷깃 여민 사람들
종종걸음으로 걷다가
뛰기 시작한다
빨갛게 물드는 코끝

한낮에 내리쬐는 햇살
눈을 찡긋
다가오는 동장군한테
윙크해 본다

올겨울
잘 지냅시다

어느새 사라지는 것들

친구와 수다 중
눈 온다는 소리에
창밖을 본다

첫눈이 내린다

첫눈을 눈에 담고
핸드폰 불빛이 번쩍번쩍
귀한 손님을
맞이하듯
사람들은 분주히
뛰어다닌다

첫눈은
첫사랑만큼
아쉬움 남기고 사라진다

내 삶도
첫눈처럼 짧은
하룻밤 꿈일까

〈
첫눈이 내린다
소리 없이 내리고
소리 없이 사라진다

풍경으로의 초대

순천만 갈대
끝을 볼 수 없는 순천만 갈대
흔들리는 갈대인지
무르익은 벼인지
알 수 없다는 말이 들린다

순천만의 노을 속 갈대
흔들리는 갈대인지
붉은 수수밭인지
알 수 없다는 말이 들린다

인산인해 속
갈대밭은
꿈길에서 본
구름인지
알 수 없다는 말이 들린다

인생의 중반 길을 서성이는 나
바람에 몸을 맡긴 갈대의
순정처럼

끝을 알 수 없는 인생
하늘 뜻에
맡긴다

여기는 동백이 지천입니다

여수 앞 푸른 바다 지나
오동도 동백꽃
푸른 잎 기름 바른 듯 번쩍인다

빨간 동백꽃을 살며시
깨물고 싶은
야릇한 유혹에 빠진다

음악 분수대
힘차게 뿜어내듯
울려 퍼지는
베토벤 교향곡 운명

여수 앞바다에 서서
찬바람 맞으며
동백꽃 속삭임
당신을 사랑합니다
고백하고 그리워하다
열병 나 몸서리치게
쿵쿵

앓아버린

오동도
빨간 동백꽃
나의 운명 같은

봄비

봄비가 내린다
며칠째 내리며
대지를 적시고
간절히 기다리는 이들의 마음을
해갈시켜준다

거리에 앙상한 나뭇가지 사이
새순의 속삭임이 보이고
질척이는 땅을 밟는
발자국들 사이사이
새로운 생명의 싹들이
솟아오른다

봄비가 내린다
며칠째 내리는 봄비
찬란한 인계의 봄을
맞이하려고
몸단장을 한다

소리길

푸르른 숲길에 눈 맞추고
상쾌한 바람에
입 맞춘다

숲속 매미들
열렬한 사랑의 세레머니
숲이 들썩인다

숲길 아래
계곡 타고 흐르는
시원한 물소리
발 담그고 가라
쉴 자리 내어준다

걷고
먹는
소리길
웃음소리 메아리친다

시낭송회

수양버들 사이
호수가 보인다

나와 시인 사이
잔물결이다
물결마다 꽃이 핀다

의자에 잔디밭에 함부로 앉아 있는 사람들
마음에 꽃 한 송이 피어났을까
미소가 밝다

해는 졌는데
어두워지지 않는 사람들
저마다 꽃으로 피어 있다

호암지 호숫가

그녀들의 정원

테라스 정원에
꽃구경하러 온다

메마른 여인의 가슴에
꽃을 든 소녀들이 모여든다

꽃향기를 마시고
뿌린다

다알리아꽃으로
에시다꽃으로
접시꽃으로
삭스로움꽃으로 되어 간다

테이블엔
꽃잎의 흔적들이
남아 있다

그대로의 자연을 입고

새 옷이 몸에 익숙해지듯
낯섦 사라지는 삼 년
우리 집

대문이 없어도
야옹이들이 보디가드 되고
문지기 된다

사계절의 묘미를 온몸으로 익히면서
손톱에 낀 흙이 자연스러운
자연인이다

라벤더

눈으로
코로
입으로
손길로
심신을 치유해 주는 허브

햇살 가득한 정원
물로 흠뻑 적실 때
바람결에 향기를 보낸 꽃잎을
떨구는 라벤더

꽃씨는
흩어지고 길 가는 발목을 잡는다

4부

길 아닌 길을 걷다 보면

벚꽃길

벚꽃길 걸으면서
인생 드라마 한 편 남기는
주인공 된다

사십년지기 소녀들은
꽃비에 젖은 섹시한
인생샷을 남기느라 핸드폰이
쉴 새 없이 반짝이고
소리 없는 웃음이 메아리친다

외출

겨울을 이겨낸 산딸기
새콤한 맛에 침이 고인다

새들도
자연이 주는 선물을
받으러 모여든다

산딸기 향기가 주렁주렁 매달릴 때
빨간 립스틱 바르고
소풍 간다

영원한 섬, 독도

울릉도에서
뱃길 따라 이백 리
하늘도 파도도
허락한
입도

가슴이 벅차오른다

갈매기도 손뼉 치면서 환호한다

태극기 휘날린다
대한민국 만세

독도는 우리 땅
떼창을 한다

애국심으로 뭉친 우리
독도 지킴이로 다시 태어난다

안마의자

사람 손길이 그리울 때
안마의자에 기댄다

말하지 않아도
음악도 들려주고
다정한 말로 고단함을
감싸며 어루만져 준다

코 골다 놀라서
실눈 뜨고 두리번거린다

울릉도

바다를 내려다보는
언덕길
버스들이 아슬아슬 달린다

초행길이라
긴장감이 돈다

울릉도 오징어의 단맛에
푹 **빠진** 입처럼
내 몸은 버스 안에서 울릉도 바다로
헤엄쳐 다닌다

붉은 바다꽃

눈으로 보면서도
믿을 수 없다는 표정들

소쿠리에서 빨강 장미처럼
화려하게 피어나는 꽃새우

눈을 감는다

탱글탱글한 싱싱한 손맛이
혀끝에 닿는 잊을 수 없는 맛
독도새우

한바탕의 꿈

일상을 벗어나는 홀가분한
설렘

호기심으로 흥분된 마음을 즐긴다
오감 만족하며 다음 날을
기다린다

2박 3일
짧지만 홀로 서는
긴 시간의 충전

여행은
꿈

해안길

바위에 매달려 파도를 타는

돌미역 푹 빠져 검푸른 바다로
들어간다

해안길 걷는 소리에 담긴
희로애락을 품어주는 망망대해

동굴 바위 골바람이 발목을
잡는다

봄눈이 오시네

하늘에서
함박눈이 팝콘 되어
쏟아진다

하늘 향해
두 팔 벌리고 날갯짓하는
아이들 입에
눈꽃이 피어나고
눈처럼 하얀
어린 시절이 내게로 온다

가슴에 단 눈꽃은
눈물이 되어
눈 속으로 녹아내린다

봄날 내리는 함박눈은
깜짝 끝이 나고
아쉬움만 남긴 채
사라진다

아카시아 켜진 길

바람이 숨 쉴 때마다
달달한 아카시아 향기
발길 멈춘다

여인들의
달콤한 눈빛
솜사탕 되어 녹는다

돌담 사이로 보이는
유채꽃들의
웃음바다에 눕는다

에메랄드 바다
하얀 바람이
시원하다

송계계곡

계곡과 계곡 사이
한바탕 웃음으로
더위가 떠내려간다

나뭇잎에 눈 가리고
물고기 잡는
아이들의 배가 되어
꿈길로 헤엄쳐 간다

매미들의
사랑 노래가 귓가에 맴돈다

여름은 가고
가을이 오고 있다

시심

보석 상자가 보인다

열쇠를 찾지 못해 헤매던
조각난 시간
퍼즐이 맞춰가듯 열린다

핸드폰이 상자가 되어
하얀 밤을 담는다

손가락에
음악이 흐른다

순대볶음

아련히 떠오르는
잊지 못하는 그 맛

친구들과 수다
그리운 세월이
철판에서 익어간다

신림동 순대촌에서
학창 시절을
소환한다

청보리밭으로 멀어지는 사람들

청보리 사이로
유채꽃이 어우러진다

끝없이 펼쳐진 청보리밭에
도깨비 집이 있다는
소문이 떠돈다

여행객들은
도깨비를 기다리다
핸드폰에 인증샷만 남기고
유채꽃밭으로 사라진다
기타 치며 노래하는 연인은
풋풋한 청보리다

유채꽃 향기를 담은
청보리 물결 너머로
버스는 멀어진다

퍼플섬

보라색 양산을 쓰고
퍼플섬으로 입장한다

신안은 소금만 있을 뿐
사람은 없었다
퍼플섬으로 변화되면서
보랏빛 관광객들이 밀려든다

보라색 문을 열고
들어간 카페에서
블루베리가 보라색 컵에 담긴다

한 사람의 지혜로
탄생한 퍼플섬
충주를 빛낼 한 사람
그 한 사람을 기다리며
기적을 꿈꾼다

바람길 따라 걷는 코스모스

푸른 하늘과
구름과

무슨 대화를 나누었을까
소녀처럼 웃는

바람의 질투에도
벌 나비 끌어모아
길을 간다

가방을 메고
코스모스를 따라
길 아닌 길을 걷다 보면

흔들면서
흔들리면서
쏟아 놓는 말들
모두
길이 된다

로라의 정원

로라의 정원으로 외출한다
수선화 길을 지나
보라색 사계 국화들이 보인다
빨간 문으로 들어간다

피아노 연주에
꽃 이야기가 창 너머로 들린다

선반에 앉아 졸던 인형들
손님들을 맞이한다

소파에 앉아 두리번거리다
하얀 벽난로에 시선이 간다

오미자의 상큼함과
로라의 달달한 이야기로
외로움을 채운다

샹들리에 불빛은 흐려져도
로라의 정원은
꺼지지 않는다

해설

플라워카페 케이(K)를 위한
순수 서정의 애가愛歌

권혁재

시에 있어서 대상이 지니는 의미는 시를 창조하고 삶을 역동적으로 고무시키는 일종의 대상이 지니는 절대적 가치이며, 시에 대한 필연적 요소라고 할 수 있다. 특히 시가 어떤 대상에 대한 정확한 것을 표현하려는 느낌을 포착하고 그것을 시로 획득해내려고 할 때, 시의 대상은 시를 절대적으로 재현해내는 유일한 통로가 되기도 한다. 시에서 대상은 그 자체로 물리적으로 결합되는 사실적인 실체가 되고 대상의 존재성 이상의 대상이 된다. 시는 언제나 대상의 다양한 존재성을 파악하여 문체나 형식으로 탐색해내면서, 대상에 대한 모든 형식을 시로 획득해내기 때문이다. 때때로 시는 대상의 사실적인 형식을 역설이나 역동성으로 빚어내기도 한다. 다양한 유형의 시는 다양한 대상에서 빚어진 사유의 존재를 시에서 어떤 형식으로든 발화해내려고 한다.

일상의 많은 행위 속에서 또는 대상들의 많은 만남 속에서 시의 본질을 유지하고 시를 쓰는 것은 여간 쉽지가 않다. 시는 사건이나 행위에서 작위적이지 않은 삶을 습득하면서 나타내는 다양한 사유체계를 어떤 형식 속에 넣어서 대상의 본질을 정확히 짚어낸다. 이는 시가 가진 대상이나 삶에 대한 강한 욕구가 되기도 하며, 시가 인간이 존재하는 방식을 증명해내는 기회를 얻을 수 있기 때문이다. 대상의 존재성, 대상의 유형을 표현의 방식과 삶이 진정성 있는 다른 하나의 시로 표현하는 시도를 할 때, 시는 현실에서 대상들을 각각 존재성과 상대성에 대한 예의를 갖추고 실현 가능한 것으로 인식하게 된다.

　금번 상재한 김선자의 첫 시집 『흔들리면서 쏟아 놓는 말들』은 이러한 대상의 존재성이나 유형들을 감각적인 여러 방식으로 하여 시로 잘 발화해내었다. 대상과 대상, 분리와 분리, 결합과 결합, 아니면 분리와 결합, 결합과 분리의 여러 형식적 기교로서 작품을 완성해 내고, 삶의 방식이 지닌 희망과 꿈, 그리고 꽃의 세계를 삶 자체의 생활 속에서 구축하는 시적 양식을 펼쳐 놓는다.

　　붉은 꽃 한 송이
　　가슴에 꽂혀 아프다

〈
주름 가득한

잃어버린 시간 속

보고픈 얼굴

꽃은 피고 지고

다시 피어나도

흐르는 아픔은

눈물로도 씻기지 않는다

오월이면

생인손 앓듯

가슴이 짙은 핏물로

물든다

- 「카네이션」 전문

   해마다 오월이면 "붉은 꽃 한 송이/가슴에 꽂혀 아프다"고 한다. 여기서 화자는 가슴에 붉은 꽃 한 송이를 꽂는 것은 화자의 자식으로서 그 꽂힌 꽃으로부터 화자는 꽃을 꽂아 줄 수 없는 어머니를 떠올리며 애틋한 회한으로 가슴이 아프다고 한다. 그러면서 "주름 가득한/잃어버린 시간 속"에서 "보고픈 얼굴"을 떠올린다. 시간은 "꽃은 피고 지고/다시 피어"날 정도로 많이 경과하였음에도 어머니에 대한 정한이나 회한은 "눈물로도 씻기지 않는다"하며 여전히 아파한다. 그래서 화자는 "오월이면/생인손 앓듯" 가슴에 붉은 꽃 한 송이를 꽂을 때마다 "가슴이 짙은 핏물로/물든다". 김선자가 시를 전개해 나가는 서사의 방식은 붉은 꽃 한 송이 – 가슴 – 잃어버린 시간 – 보고픈 얼굴 – 흐르는 아픔 – 씻기지 않는 눈물 – 오월 – 생인손 – 핏물 – 물든다 등의 순서로 진행되어 "카네이션"의 본질적인 서정을 잘 획득해낸다. 그러나 시의 전반에 나타나야 할 "보고픈 얼굴"에 대한 주체는 명확하게 드러나지 않는다. 여기서 김선자가 가진 시의 특징이 숨어 있다. 김선자의 시에는 풍경과 서정이 적절한 조화가 잘 이루어져 시에 대한 "가슴이 짙은" 환기를 불러일으킬 뿐만 아니라 서정과 서사가 적절한 융합을 하여 시작품이 지닌 시적 울림과 한 방향으로 귀결하는 힘을 가지고 있음을 알 수 있다. 그러나 좀 더 자세히 시 속의 사이나 행간을 더듬어보면 시를 끌고 가는 주체가 없다. 그의 시작품에 대개가 주체가 소거되어 시 밖의 주체가 되어 시를 쓰고 있다. 또는 "눈물을 닦는다"(「친정어머니」), "듣는다"(「곧 봄이 오려나 봐요」), "기다린다"(「반가운 기척」), "배웅한다"(「거목」) 등에서 나타나듯 행위를 강조하는 방법과 어법이나 문체의 한 유형으로서 시의 마지막 구절에 항상 동사를 쓰고 있다.

김선자에게 소거되는 주체는 "캔버스 밖에 서 있"(「일렁이는 수채화」)는 화자와 같은 인물로 실비 제르맹이 말한 것처럼 등장인물이면서 등장인물이 아닐 수도 있다. 김선자의 의식으로부터 생겨난 화자는 새로운 시어로 존재하기를, 시어로 전개가 되기를, 시어와 시어 사이에서 소통되기를 간절히 희망한다. 어쩌면 주체를 숨기거나 쉬게 하는 것이 김선자에게는 시가 사치로 여겨진다. 그에게 시는 단숨에 호흡하는 공기요, 피상적으로 둘러대지 않고 바로 뱉어 전달하는 직언처럼 느껴진다. 아마 이것은 일상생활에서 몸에 밴 그의 체질이자 품성에서 우러난 친절로 다가온다. 김선자의 시는 김선자 자신의 주체가 된 시로 가득하다. 즉 김선자 자신이 그의 시를 이루고 있다. 그의 시는 작위적이지 않고 억지스러움이 없이 눈에 보이는 꽃, 코를 스치는 커피 향기, 호암지의 풍경 등 시간에 머무는 서정이나 서사들을 잡채 같은 인생으로 잘 버무려내어 맛있는 음식으로 차려낸다.

여성학자 우킬레스에 의하면 현대의 복잡미묘한 문명과 더욱 진화된 문화예술의 결과에도 불구하고 지금보다 더 우세한 문학은 탄생하지 않는다고 내다보았다. 다만 그는 앞으로의 새로운 문학은 담론이 있거나 거창

한 것이 아닌 우리 일상생활에서 빚어지는 사소한 풍경, 사건, 행위 등의 하찮은 것에서 비롯된다고 예측했다. 시는 이미 일기나 편지 같은 산문 형식으로 진화된 지 오래되었고, 전통 서정시와 그렇지 않은 서정시로 구분되었다. 그리하여 감동 있고 잘 읽히는 시와 무미건조하고 읽혀지지 않은 시로 양분되어 독자와 시대마저 갈라놓았다. 이러한 시대에 전통 서정성을 가지고 감동과 잘 읽혀지는 시를 쓰는 시인이 있다. 그가 바로 김선자 시인이다. 김선자의 시는 균형의 힘을 갖고 있다. 들어갈 때와 멈출 때를 잘 안다. 그의 시는 경박하지도 건조하지도 않고, 항상 꿈틀대는 생명력이 있다. 그 생명력에는 "길 위에 떠나질 않는 미소가"(「광릉수목원」) 있고 "눈물이 땀처럼/쏟아"(「비렁길을 넘어가요」)지는 인생길 같은 비렁길이 있고, "가마솥과 마주 앉아 얘기꽃을 피우시는 어머니"(「어머니의 오래된 친구」)가 있고, "희미한 빛은 벽 너머로/숨어버"(「앞집」)리는 대상들이 든든한 배경을 이룬다.

한낮의 햇볕은
그림자도 숨는다

길가에 바늘꽃들이

땅속으로 들어가려고 눕고

하늘은 사라지면서
소나기를 쏟아내고

그래도 세상은 살아 있다고
꿈틀거리고

소나기는 짧은 순간에 긴 여운을
남기고 떠난다

- 「한바탕 쏟아지는 소란」 전문

　김선자의 시에는 생명의 소중함을 역동적으로 지적해 낸 시작품들이 많이 산재해 있다. 위 시는 소나기가 오기 전의 모습과 소나기가 오고 난 후의 모습을 "한바탕 쏟아지는 소란"으로 잘 주조해낸다. 구름에 가려지는 "한낮의 햇볕은/그림자도 숨는다"로 표현하여 소나기가 내릴 조짐에 대한 모습을 전면에 배치해둔다. 이를 감지한 "길가에 바늘꽃들"은 "땅속으로 들어가려고 눕"자 마침내 소나기는 하늘이 사라질 정도로 "소나기를 쏟아"낸다. 한바탕 쏟아지는 소나기를 맞은 "세상은 살아 있다고/ 꿈틀거"리며 생명의 소중함을 전폭적으로 감지하여 서사의 양상과 서정을 함축하는 시적 효과를 거두고 있다. 그러면서 "소나기는 짧은 순간에 긴 여운을 남기고 떠난다"고 하며 생명에 대한 진지함을 역동적으로 암시한다. "숨는다, 눕고, 쏟아내고, 꿈틀거리고, 남기고 떠난다" 등의 동사의 쓰임이나 동사로 끝을 맺는 종결어미에서 나타나는 역동성은 비록 한바탕 쏟아진 소나기로 인한 생명의 시작됨과 동시에 존귀함을 암시해준다.

또 그의 시에 많이 나타나는 종결어미는 맛이나 상태를 알게 해주는 동사나 형용사가 자주 사용되고 있다. 이를테면 "개운하다, 상쾌하다, 시원하다, 삼킨다, 맛있다, 환하다, 짧다, 묻는다, 담는다, 온다, 덮는다, 머문다" 등의 종결어미가 쓰여 생명들의 상태나 행위의 모습을 눈치챌 수 있게 해준다. 김선자의 시는 생명을 확대하거나 축소하지도 않고 있는 그대로 보여지는 대상을 풍부한 서정성을 바탕으로 현실의 단면을 조명하는데, 그 능가하는 모습을 보여준다. 어설픈 관념이나 작위를 원천적으로 차단하면서 소나기를 통해 생명에 대한 고귀함을 노래한다. 이것이 서사와 서정으로 단순함을 극복하고 대상에 대한 집요한 긴장을 견지하는 김선자 시인만이 할 수 있는 시 창작 방식이라 하겠다.

김선자의 시는 일상에서 마주치는 대상의 서정이나 정

한을 추적하여 인간의 희로애락을 탐색해내는 특색을 지닌다. 「여기는 동백이 지천입니다」에서 빨간 동백꽃에서 "열병 나 몸서리치게/쿵쿵/ 앓아버린" 사실에서 "나의 운명 같은" 것을 느끼게 된다는 결말은 베토벤 교향곡보다는 더 운명적으로 다가온다고 직시한다. 또 「어느새 사라지는 것들」에서는 첫눈이 내리는 것을 보며 "소리 없이 내리고/소리 없이 사라진다"며, "내 삶도/첫눈처럼 짧은/하룻밤 꿈일까"하고 미덥지 않게 생각하는 듯하지만 기실은 하룻밤 꿈 너머의 불멸하는 꿈으로 존재하길 바라는 욕망이 더 크게 작용하고 있다.

김선자에게 동백꽃이나 첫눈은 "자연에서 자연으로"(「폭포」) 마주치는 일상의 대상물에서 인간의 희로애락을 추동하는 서정이나 정한을 내포하고 있다. 그에게 이런 대상물들은 어느 특정 사물이나 대상에 국한되지 않고 다양한 존재의 대상들로부터 사유를 확장하는 계기가 되기도 한다. 이를테면 "텃밭, 폭포, 꽃집, 멍이 녀석, 길을 걷는 사람들, 겨울 단상, 순천만 갈대, 테라스 정원에 있는 꽃들, 라벤더" 등에서 기인한 정한을 통해 인간의 삶을 되짚어내는 계기를 마련하는 시의 힘을 가지고 있다는 것이다.

김선자 시의 또 다른 특색으로는 시를 전개하여 나가는 과정에서 주체가 불분명하다는 것이다. 그래서 시가 시 안에서 빙빙 돌면서 끝을 맺지 못하는 것처럼 보이는 경우가 종종 있다는 사실이다. 단적인 예로 「그녀들의 정원」을 한번 살펴보기로 하자. "테라스 정원에/꽃구경하러 온다"는 구절에서 "꽃"이라는 객체는 있는데, 누가 오는지, 누가 있는지 주체가 없다. 물론 그 뒤의 구절에서 "소녀"들이 모여든다는 표현으로 주체가 드러나나, 이전의 상황으로는 주체가 없이 생경하게 전개가 된다. 그러나 이것은 시에서 주체를 숨기는 김선자가 장치를 설치해 놓은 시작품에서 화자는 투명인간처럼 사라지고 그 자리를 "다알리아꽃, 에시다꽃, 접시꽃, 삭스로움꽃"으로 대치된다. 이러한 형태의 시는 「폭포」에서도 여실히 드러난다. "환호하는 소리"와 "빨갛게 달아오른 발"의 시적 대상은 있으나 그것이 누구로부터 들리는 소리인지, 누구의 달아오른 발인지 주체가 없는 소리와 발만 "자연에서 지연으로/다시/태어난다"고 화자를 생략한 채로 매듭짓는다.

    아픔을 감추려고
    눈 피해 숨는 아이

    다시 볼 수 없을까 봐
    찾고 또 찾으면서

목놓아 부르는 이름

허공 속에 메아리친다

야옹야옹

내 품으로 돌아와

쉴 수 있게

숨죽이면서 기다린다

술래가 찾지 못하는 슬픔

인제 그만

숨바꼭질 멈추고 싶다

- 숨바꼭질 「전문」

   한번 아픔이나 버림을 받은 동물은 사람에게 다시 다가가기까지 이전에 자기가 당한 트라우마를 사랑으로 극복해야 가능하다고 한다. 그런데 그것을 극복하는 과정이 참으로 더 어렵다 한다. 한번 당해 본 동물은 본능적으로 그 사실을 복기하고 학습되어 있을 것이다. 그래서 한 번이라도 트라우마에 갇혀 있는 동물은 사람에게 가까이 다가가거나 사람의 길을 함부로 잘 다니지 않는다. "숨바꼭질"에서 보여지는 길냥이와 숨바꼭질하는 화자와의 관계도 "술래가 찾지 못하는 슬픔"으로 "허공 속에 메아리"친다. "아픔을 감추려고/눈 피해 숨는 아이"는 언젠가 사람으로부터 고통을 받았거나 버림을 당한 고양이이다. 그런 고양이를 김선자는 "목놓아 부르는 이름"으로 "찾고 또 찾으면서" "내 품으로 돌아와/쉴 수 있게/숨죽이면서 기다린다".

그러나 쉽사리 돌아오지 않은 고양이는 화자와 어느 시점의 거리에서 "야옹야옹" 소리만 낼뿐, 실질적으로 다가오지 않는다. 그 거리의 간극의 폭에 따라 화자의 슬픔도 길어졌다 짧아졌다 했을 것이다. 닿을 듯 말 듯한 거리에 있는 고양이와 화자의 숨바꼭질은 결국 다가서지도 찾지도 못하는 애틋한 슬픔만 탄식으로 쏟아져 내려 "인제 그만/숨바꼭질 멈추고 싶다"고 한다. 그러나 김선자의 멈춤은 행위의 멈춤이 아닌 고양이와 만나 숨바꼭질을 종결하는 희망적인 마음의 멈춤에 있다. 김선자는 꽃을 가꾸듯 시를 쓴다. 그래서 그의 시는 밝고 환하다. 투명하고 희망적인 꽃냄새가 분분하다. 하늘을 올려다보는 꽃잎처럼 거짓이 없고 꾸밈이 없다. 그의 시는 항상 꽃처럼 생기발랄하고 꽃향기가 난다. 그에게 시는 꽃이고 그 자신 스스로가 시가 되는 심성에 닿아서 그의 플라워카페에는 "자유로운 영혼들이 살고" 있는 것이다.

푸른 하늘과

구름과

무슨 대화를 나누었을까

소녀처럼 웃는

바람의 질투에도

벌 나비 끌어모아

길을 간다

가방을 메고

코스모스를 따라

길 아닌 길을 걷다 보면

흔들면서

흔들리면서

쏟아 놓는 말들

모두

길이 된다

- 「바람길 따라 걷는 코스모스」 전문

김선자의 시를 관통하는 주된 특징은 앞에서 언급한

바와 같이 주체가 누구인지 알 수 없다는 사실이다. 김선자 자신이 시적 기교를 부리거나 실수로 주체를 내세우지 못했다 하더라도 너무 자연스러워서 전혀 어색하지가 않다. 화자를 뒷배로 숨기고 서사를 시의 전면에 내세워도 이미지가 어긋나거나 전개가 크게 달라지지도 않는다. 김선자가 시를 통해 이루고자 하는 사실은 우주의 섭리나 철학이나 사랑의 감각들이 아니다. 그가 주체를 내세우지 않고, 시를 수평적으로 균형 있게 이끌어가는 것은 "질서"의 개념을 염두에 두고 있다는 사실이다. 그에게 질서는 하나의 약속이다. 약속이 무너지면 질서가 무너지고, 질서가 무너지면 사회가 무너지고, 사회가 무너지면 인간이 무너지는 법이다. 인간이 무너지면 시도 무너지게 된다. 시가 무너지면 "코스모스의 길"도 무너진다. 그래서 그의 코스모스는 하나의 길을 갖고 있다. 그러나 "길 아닌 길을 걷다 보면//흔들면서/흔들리면서/쏟아 놓는 말들"이 있는데, 이 말들은 "모두/길이 된다"고 한다. 길은 곧 질서와 동일선상에 있는 대상으로 "푸른 하늘과 구름"이 있고 "벌나비"와 "가방을 메고 코스모스를 따라 걷는 소녀"가 있다. 결국 길은 시적 대상으로 정서와 정한을 추동하여 사람의 정한을 노래하는 대상으로 존재한다.

   김선자의 시에 많이 내재하는 또 다른 시의 특색은 인

간의 존재론적 관점에서 대상이나 자아를 서정성과 능숙하게 결부시키고 있다는 점이다. 이를테면 「안마의자」에서 안마의자에 기대어 안마를 받다가 잠깐 잠이 든 사이 "코 골다 놀라서/실눈 뜨고 두리번거린다"에서 자기 존재의 방식에 문제 제기를 하는 장면에서 그 일면을 엿볼 수 있다. 김선자는 대상의 개념이나 희석화된 시대에서 고통으로부터 회피하거나 또는 절망이나 원망을 하지 않고 누구보다도 삶을 진실하게 살아오면서 진솔한 시를 써왔음을 잘 증명해낸다. 그래서 김선자는 시를 시로 만드는 것이 어떤 것인가를 하는 탐색을 그치지 않고, 흔적이 없는 주체를 내세워 시를 써왔다. 그는 과장되지 않은 주제와 제재로서의 시와 각각의 고유한 유기적 관계를 지닌 삶들의 내력에 대한 과정을 들춰내기도 한다. 이러한 모습을 견지하는 자세나 시선에서 김선자의 시가 작금의 서정시의 한 전형으로 여겨지는 중요한 이유가 된다.

이제껏 살펴본 김선자 시인의 시들은 순간적인 충동이나 일시적인 욕망으로 쓰여진 작품들이 아님을 알 수 있다. 그의 시 안에는 시인 김선자 그 자체가 있고, 주체가 되는 그의 자아도 함께 들어 있다. 김선자의 시들은 과장이나 지나친 묘사가 없이 대상에 대한 솔직한 애정과 심정을 통해 자연스럽게 표출해내었다는 점에서 시적 진실은 항상 밝고 온화하게 느껴진다. 특히 시적 주체의 부재라는 면에서 별다른 이질감 없이 시를 생성하고 있는데, 이는 김선자 시인의 품성이 시적 대상을 모두 다 포용하고 있기 때문이다. 우리가 살아가면서 시와 삶 사이에 있는 간극을 조절할 수 있다면 그것은 삶에 대한 어떤 경이로움이나 절대적인 삶을 체험한 특이한 경우의 일이며, 또 반대로 상대적인 삶에 대해서도 그 의미를 되짚게 된다.

이제 김선자 시인의 첫 시집 『흔들리면서 쏟아 놓는 말들』의 출간을 축하하며 "열쇠를 찾지 못해" "조각난 시간"을 맞이하더라도 언젠가 "퍼즐이 맞춰가듯" "보석 상자"가 열리고 그의 시도 "음악이 흐르"듯이 잘 열리기를 바란다. 앞으로 우리가 그의 시에 대한 행보를 주목하는 차원에서 다음의 시를 남겨 다른 날에 새롭게 만나게 될 그의 시를 기다리고자 한다.

　　보석 상자가 보인다

　　열쇠를 찾지 못해 헤매던
　　조각난 시간
　　퍼즐이 맞춰가듯 열린다
　　〈

핸드폰이 상자가 되어

하얀 밤을 담는다

손가락에

음악이 흐른다

- 시심 「전문」

상상인 시인선 080

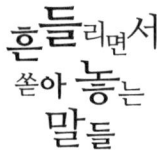
흔들리면서
쏟아 놓는
말들

지은이 김선자
초판인쇄 2025년 8월 16일 **초판발행** 2025년 8월 21일
펴낸곳 도서출판 상상인 **편집주간** 황정산 **펴낸이** 진혜진
표지디자인 최혜원 **기획·마케팅** 전은빈 최유림 노혜림 정현수
책임교정 종이시계 **편집** 세종PNP
등록번호 제572-96-00959호 **등록일자** 2019년 6월 25일
주소 06621 서울시 서초구 서초대로74길 29, 904호
전화번호 02-747-1367, 010-7371-1871
팩스 02-747-1877 **전자우편** ssaangin@hanmail.net

ISBN   979-11-7490-003-6 (03810)

값 12,000원

* 이 책은 충주시, 충주문학관광재단의 후원을 받아 충주문화예술지원사업의 일환으로 발간되었습니다.

* 이 책은 전부 또는 일부 내용을 재사용하려면 반드시 저작권자와 도서출판 상상인의 동의를 받아야 합니다.

* 이 도서의 국립중앙도서관 출판시도서목록(CIP)은 서지정보유통지원시스템 홈페이지(http://seoji.nl.go.kr)와 국가자료공동목록시스템(http://www.nl.go.kr/kolisnet)에서 이용하실 수 있습니다.